Wok
vegetariano

BLUME

Contenido

Variedad infinita
Los ingredientes típicos

La cocina asiática está de moda y con su variedad de platos vegetarianos ofrece multitud de ideas exquisitas para aquellos que quieren alimentarse de una manera sana. Con la proliferación de la cocina asiática el wok ha encontrado muchos seguidores asiduos. Precisamente quien prescinde de la carne y del pescado ya no desea separarse del wok en la cocina. Y es que resulta un instrumento ideal para preparar crujientes platos de hortalizas: gracias a los cortos tiempos de preparación, al saltear los ingredientes en el wok, éstos mantienen su aroma y su color como nunca y al mismo tiempo conservan la mayor parte de su contenido vitamínico. Los condimentos típicos para la cocción en el wok son el chile, el jengibre, el ajo y un poco de salsa de soja. Por lo demás, el frescor de los ingredientes son el alfa y el omega. La preparación de las especialidades vegetarianas de la cocina asiática tampoco supone un gasto excesivo. Muchos de los ingredientes típicos ya se pueden encontrar en supermercados bien surtidos, y los más excepcionales o exóticos, como salsas, pastas o especias, pueden adquirirse en tiendas asiáticas especializadas. Y, por supuesto, el wok no sirve sólo para hacer platos del Lejano Oriente. Todo aquello que suele prepararse en una cacerola o en una sartén también puede cocinarse en el wok –de hecho, muchos platos que se preparan diariamente pueden hacerse mejor y más rápidamente en un wok. Así pues, ¡diviértase al *wokear*!

1

PAK-CHOY (izquierda) esta col china es muy parecida a nuestras acelgas tanto por su aspecto como por la preparación. Puede comerse cruda o salteada.

1 El **TOFU** se prepara con leche de soja cuajada y parece queso fresco. Si es fresco, apenas tiene sabor, pero ahumado sabe ligeramente especiado.

2 Las **SETAS MU-ERR** u orejas de bosque se venden deshidratadas. Antes de su uso deben dejarse en remojo durante unos 15 minutos en agua hirviendo.

3 El **VINO DE ARROZ** o **SAKE** se prepara a partir de arroz macerado y está muy indicado para cocinar. En Japón se bebe caliente en pequeños cuencos de porcelana.

4 El **ACEITE DE SÉSAMO** se extrae de las semillas de sésamo tostadas y posee un intenso aroma a nueces. No está indicado para freír, sino que se emplea como condimento.

5 Los **BONIATOS** no están emparentados botánicamente con las patatas. Hay especies blancas, rojas, amarillas y marrones, y todas ellas tienen un sabor dulce. Se estropean rápidamente, por lo que debe utilizarlos pronto.

6 Las **BERENJENAS** se encuentran en muchas formas y colores. Aquí hay sobre todo ovaladas de gran tamaño, pero en las tiendas asiáticas disponen de las pequeñas provenientes de Tailandia.

7 La **ALBAHACA TAILANDESA** pertenece a la familia de la albahaca y tiene un sabor ligeramente picante que recuerda al de la menta.

6

7

Las **PASTAS DE CURRY** se emplean sobre todo en Tailandia, donde se encuentran variedades amarillas, verdes y rojas. En la India se emplean mezclas de curry, pero en polvo.

El **ACEITE DE CACAHUETE** puede calentarse a muy alta temperatura al igual que el aceite de soja, y por ello es muy indicado para las frituras. Su sabor es neutro.

El **JENGIBRE**, rallado o picado, confiere a muchos platos del Lejano Oriente su sabor típico. La galanga también pertenece a la misma familia, pero su sabor no es tan intenso.

Los **FIDEOS** en la cocina asiática pueden ser de harina de trigo, de alforfón o de harina integral. Más especiales son los fideos de celofán (o transparentes), que se preparan con fécula de judías mungo, o los fideos de arroz, elaborados con harina de arroz.

El **SAMBAL OELEK** es una pasta preparada con chile, sal y pimienta o zumo de tamarindo. El sambal kecap contiene adicionalmente ajo, salsa de soja y zumo de lima.

Las **HOJAS DE LIMA** o del limonero kaffir tienen su origen en la India. Se añaden enteras durante la cocción o se pican finamente y se espolvorean sobre el plato una vez terminado.

Paso a paso
Las técnicas culinarias más importantes

El wok puede utilizarse «para todo». Sea para freír, cocer al vapor o rehogar, no existe método de cocción para el que no sea indicado. Los woks tradicionales son de plancha de hierro o acero, y tienen una base redondeada y paredes oblicuas. Las cocinas de gas son más apropiadas para cocinar con wok que las eléctricas: el calor se transmite inmediatamente y es más fácil de regular. El único accesorio necesario es un anillo de metal especial, que se coloca sobre la cocina para dar al wok un buen punto de apoyo. En el caso de las cocinas eléctricas, se recomienda un wok de hierro colado, acero inoxidable o acero esmaltado. Los utensilios más importantes (espátula, palillos largos para cocinar, rejilla para escurrir y un soporte de madera para cocer al vapor) suelen proporcionarse junto con el wok. Las recetas para cocinar con wok son muy sencillas. La condición más importante es que todos los ingredientes se preparen cuidadosamente y se corten en trozos pequeños. Y si al principio no funciona como se esperaba, recuerde que el wok también debe «curarse». Cada vez que lo emplee absorberá un poco de grasa, así poco a poco funcionará mejor.

Cocer al vapor – paso a paso

1 Ponga el wok limpio sobre la cocina y coloque una rejilla o trébede de madera en su interior.

2 Como alternativa puede colocar un plato o cuenco pequeño invertido en el centro del wok.

3 Ponga un cestillo de bambú sobre el soporte de madera, plato o cuenco.

4 Llene el wok con agua hasta un tercio de su altura. Tape y espere a que el agua hierva.

5 Ponga los alimentos dentro del cestillo de bambú y cocine con el wok tapado.

6 Si no dispone de un cestillo, también puede colocar los alimentos sobre un plato, ponerlo sobre el soporte y cocinarlos.

Preparar rollitos de primavera

1 Extienda las láminas de pasta de rollito de primavera congeladas para que se descongelen. Si es necesario, córtelas longitudinalmente o en cuartos.

2 Coloque el relleno en la mitad inferior de las láminas de pasta, doble los extremos longitudinales 1 cm hacia dentro y pincélelos con una mezcla de maicena y agua.

3 Enrolle la pasta llevando hacia dentro los extremos laterales. Mientras tanto, caliente suficiente aceite en el wok.

4 Fría los rollitos de primavera en el aceite caliente de 2 a 3 minutos o hasta que estén dorados.

Preparar jengibre

1 Corte un trozo de rizoma de jengibre y pélelo con un cuchillo afilado.

2 Corte el trozo pelado en rodajas finas, a continuación en palitos y finalmente en cubos pequeños.

Saltear es muy sencillo

1 Ponga el aceite en el wok caliente y repártalo de forma uniforme. A continuación dore la cebolla o el ajo.

2 Añada las hortalizas cortadas en trozos lo más regulares posible; saltee primero las más firmes.

3 Saltee las hortalizas sin dejar de removerlas, teniendo en cuenta que deben permanecer muy poco tiempo en el fondo caliente del wok. Las cocidas deben apartarse hacia un extremo del recipiente.

4 Mezcle los ingredientes de la salsa en un cuenco pequeño, añádalo a cucharadas a las hortalizas y remueva.

Sopas y entrantes

Sopa de espinacas
y puerro con leche de coco

Simplemente **irresistible:** esta cremosa sopa con espinacas frescas, crujientes cebollas tiernas y puerro especiado es una delicia cucharada a **cucharada.**

Ingredientes

500 g de **espinacas** frescas

1 **puerro** pequeño

1/2 manojo de **cebollas** tiernas

3 dientes de **ajo**

1 nuez de **jengibre**

1 lata de **maíz** en granos (340 g de

peso escurrido)

2 cucharadas de **aceite de coco**

400 ml de **leche de coco** sin

azucarar

1/2 cucharadita de **sambal oelek**

(pasta de guindillas)

nuez moscada recién rallada

sal

Preparación

PARA 4 PERSONAS

1 Prepare las espinacas, lávelas con agua fría y deje que escurran en un colador. Píquelas groseramente.

2 Prepare y lave el puerro y las cebollas tiernas y córtelas oblicuamente en rodajas finas. Pele el ajo y el jengibre y píquelos finamente. Vuelque los granos de maíz en un colador, enjuáguelos brevemente y deje que escurran.

3 Caliente el wok y añada el aceite. Dore el puerro, las cebollas, el ajo y el jengibre unos 3 minutos. Añada las hojas de espinaca y saltéelas brevemente hasta que pierdan volumen.

4 Añada la leche de coco, los granos de maíz y el sambal oelek, remueva y deje cocer unos 5 minutos. Sazone con nuez moscada y sal y, si lo desea, decore con chiles. Puede acompañar esta sopa con arroz y sambal oelek.

Para la guarnición de chile, divida el chile por la mitad, pero sin llegar hasta el final. Elimine las semillas y corte las mitades en tiras finas. Deje que el chile se abra en un cuenco con agua helada.

Sopa multicolor
con huevo cuajado

Siempre **deliciosa**: esta sopa clásica de la cocina vietnamita
proporciona la introducción perfecta a un menú **asiático**.

Ingredientes

500 g de **tomates**

1 **cebolla**

200 g de **apio**

1 nuez de **galanga**

1 hoja de **limón**

10 g de **azúcar de palma**

2 cucharadas de **aceite de**

cacahuete

800 ml de **caldo vegetal**

2-3 cucharadas de **salsa de soja**

sal · pimienta

2 **huevos**

½ cucharada de **vinagre de arroz**

Preparación

PARA 4 PERSONAS

1 Escalde los tomates, pélelos, córtelos por la mitad, elimine las semillas y córtelos en gajos. Pele la cebolla y córtela en anillos finos. Lave el apio, corte la mitad en tiras y el resto en rodajas oblicuas.

2 Pele la galanga y píquela. Lave la hoja de limón, séquela y píquela finamente. Parta el azúcar de palma en trozos y desmenúcelo sobre la tabla de cocina con la ayuda del reverso de una cuchara o rállelo con un cuchillo de cocina.

3 Caliente el wok y añada el aceite. Disuelva el azúcar de palma desmenuzado sin dejar de remover.

4 Añada el apio, la cebolla y la galanga y déjelos dorar unos 3 minutos. Añada los gajos de tomate y la hoja de limón picada y dórelos brevemente. Vierta el caldo y la salsa de soja. Déjelo hervir y sazone con sal y pimienta.

5 Bata los huevos en un cuenco pequeño con un tenedor. Caliente 300 ml de agua y el vinagre de arroz en un cazo pequeño. Vierta los huevos batidos muy poco a poco en el agua hirviendo. Al cabo de 1 minuto remueva cuidadosamente con el tenedor, así se formarán las rosetas de huevo. Deje que las flores cuajen durante 2 minutos más a fuego muy lento. Sáquelas con una espumadera y añádalas a la sopa. Decore la sopa, si lo desea, con hojas de cilantro cortadas a tiras finas.

Sopa clara
de won-tons

Preparación
PARA 4 PERSONAS

1 Descongele las láminas de won-ton unos 30 minutos cubiertas con un paño húmedo. Para el relleno, limpie las setas y el puerro. Corte ambos a tiras y rodajas finas, respectivamente. Pele el ajo y el jengibre, píquelos groseramente y póngalos en un cuenco.

2 Caliente el wok y añada el aceite. Dore los champiñones y el puerro y añádalos al cuenco con el ajo y el jengibre. Añada los cacahuetes, la clara de huevo y la maicena. Sazone con salsa de soja, sal y pimienta de Cayena.

3 Corte círculos de unos 8 cm de diámetro sobre las láminas de pasta. Ponga 1 cucharadita de relleno en el centro de cada una, levante la masa a su alrededor y forme bolsitas pequeñas. Ponga a hervir un poco de agua en el wok, coloque los won-tons en un cestillo para cocer al vapor y déjelos cocer unos 10 minutos.

4 Caliente el caldo con la zanahoria y déjela cocer de 2 a 3 minutos. Añada los won-tons al caldo y llévelo a ebullición. Si lo desea, decore la sopa con hojas de cilantro.

16

Ingredientes

20 láminas de **won-ton** (congeladas)

250 g de **champiñones** · 2 **puerros**

2 dientes de **ajo** · 1 nuez de **jengibre**

1 cucharada de **aceite**

50 g de **cacahuetes** salados (groseramente picados)

2 **claras de huevo**

3 cucharaditas de **maicena**

1 cucharada de **salsa de soja**

sal · **pimienta de Cayena**

3/4 de l de **caldo vegetal**

2 **zanahorias** (cortadas en tiritas muy finas)

Ingredientes

2 **cebollas** · 3 dientes de **ajo**

1 cucharadita de **semillas de cilantro**,

1 de **comino** y 1 de **mostaza** · 2 cápsulas

de **cardamomo** · 2 cucharadas de

mantequilla · 1 hoja de **laurel**

1 trozo de **canela en rama** · 2 **chiles** secos

pequeños · 2 cucharadas de **harina**

1 cucharadita de **cúrcuma en polvo**

³/₄ de l de **caldo vegetal**

75 g de **pasta de coco** o **coco fresco**

rallado · 300 g de **yogur** entero · **sal**

pimienta · 2 cucharadas de **cilantro** picado

Sopa de yogur
con curry y especias

Preparación
PARA 4 PERSONAS

1 Pele las cebollas y el ajo y píquelos finamente. Muela las semillas de cilantro, comino, mostaza y cardamomo en el mortero.

2 Caliente el wok y añada la mantequilla. Dore las especias, el laurel, la canela y los chiles enteros. Añada las cebollas y el ajo y sofríalos sin llegar a dorarlos.

3 Espolvoree la harina por encima y la cúrcuma y añada el caldo. Cuando rompa el hervor, reduzca el fuego y deje cocer tapado unos 30 minutos. Pase la sopa por un colador, escurra bien las hortalizas y las especias y retírelas.

4 Devuelva la sopa al wok, déjela hervir y disuelva en ella la pasta de coco. Déjela enfriar. Bata el yogur hasta que esté cremoso y mézclelo con la sopa. Sazone con sal y pimienta y adorne la sopa con el cilantro.

Cazuela vegetal
con coco y bambú

Una auténtica tentación: esta aromática cazuela con jengibre, hierba limonera
y hojas de limón ofrece los fascinantes aromas de la cocina asiática.

Ingredientes

100 g de **arroz basmati** · sal

3 cucharadas de **aceite**

150 g de **tofu** · 1 diente de **ajo**

1 **cebolla** · 1 nuez de **jengibre**

1 tallo de **hierba limonera**

5-6 **berenjenas** tailandesas

pequeñas (o una berenjena grande)

50 g de **setas enoki** o **agujas**

doradas · 50 g de **champiñones**

1 **calabacín** · 1 **chile rojo**

50 g de **brotes de bambú**

(en conserva)

3 hojas de **limón**

50 ml de **leche de coco** sin

azucarar

300 ml de **caldo vegetal**

zumo de 1 **lima**

2 cucharaditas de **salsa de soja**

Preparación

1 Enjuague el arroz basmati en un colador con agua fría, hasta que el agua salga clara. Ponga el arroz en una cacerola, cúbralo con unos 2 cm de agua fría, añada una pizca de sal y 1 cucharadita de aceite, remueva y póngalo a hervir. Baje el fuego y déjelo cocer unos 15 minutos.

2 Lave y seque el tofu, y córtelo en trozos grandes. Pele y pique el ajo, la cebolla y el jengibre. Limpie la hierba limonera y trocéela.

3 Prepare y lave las berenjenas tailandesas (si es una berenjena grande, córtela en trozos pequeños). Limpie las setas enoki y los champiñones; corte los champiñones por la mitad. Prepare y lave el calabacín, córtelo longitudinalmente y después en rodajas. Lave el chile y córtelo en anillos. Deje escurrir los brotes de bambú en un colador.

4 Caliente en el wok el aceite restante. Dore el tofu. Añada el ajo, la cebolla, el jengibre, la hierba limonera, el chile y las hojas de limón y saltéelos hasta que se doren. Añada las berenjenas, las setas, el calabacín, el chile y los brotes de bambú y saltéelos brevemente. Vierta la leche de coco y el caldo vegetal y déjelo cocer todo unos 6 minutos.

5 Sazone la cazuela con el zumo de lima y la salsa de soja. Viértala en cuencos y acompáñela con arroz basmati.

Sopa picante con maíz
y fideos de celofán

Sencillo y no por ello menos refinado: con esta picante creación,
sus invitados descubrirán una nueva pasión por la sopa.

Ingredientes

30 g de **fideos de celofán**

1 **zanahoria**

1 **puerro** fino

50 g de **setas chinas shiitake**

1 diente de **ajo**

1 nuez de **jengibre**

1 lata pequeña de **maíz** (150 g de

peso escurrido)

1 cucharada de **aceite**

³/₄ de l de **caldo vegetal**

1 cucharadita de **chiles** secos

desmenuzados

4-5 cucharadas de **salsa de soja**

2-3 cucharadas de **vinagre de**

vino blanco

Preparación
PARA 4 PERSONAS

1 Ponga los fideos en un cuenco, cúbralos con agua hirviendo
y déjelos reposar unos 15 minutos.

2 Mientras tanto, pele la zanahoria y córtela en tiras finas.
Prepare y lave el puerro y córtelo en tiras finas. Prepare las
setas y córtelas en tiras. Pele el ajo y el jengibre y píquelos
finamente. Escurra el maíz en un colador, enjuáguelo brevemente
y déjelo escurrir.

3 Caliente el wok y añada el aceite. Dore el ajo y el jengibre; añada
las tiras de setas, zanahoria y puerro y dórelo todo sin dejar de
remover de 1 a 2 minutos. Vierta el caldo vegetal y luego el maíz
con el chile. Lleve la sopa a ebullición.

4 Escurra los fideos en un colador y córtelos con unas tijeras.
Añádalos a la sopa y déjela hervir nuevamente. Antes de servirla,
sazónela con salsa de soja y vinagre. Si lo desea, decórela con
hojas de albahaca tailandesa.

**En lugar de setas frescas puede
utilizar deshidratadas. Para ello debe
remojar 8 setas mu-err deshidratadas
durante 15 minutos en agua hirviendo,
y utilizarlas entonces como se describe.**

Sopa de hortalizas
y garbanzos

Preparación
PARA 4 PERSONAS

1 Prepare, lave y corte las hortalizas en dados pequeños. Pele y pique el ajo. Escalde los tomates, pélelos, elimine las semillas y corte la pulpa en dados.

2 Caliente el wok y añada el aceite. Dore ligeramente las hortalizas preparadas. Añada el caldo vegetal, tápelo y deje cocer la sopa unos 40 minutos. Mientras tanto vuelque los fideos en un colador, enjuáguelos brevemente y déjelos escurrir.

3 Añada los fideos de arroz, los garbanzos escurridos y el tomate frito a la sopa y déjela cocer de 5 a 10 minutos más.

4 Muela las semillas de cilantro, comino, cardamomo, el maíz y el clavo de olor en el mortero y añada la mezcla a la sopa. Sazónela con canela, cúrcuma y nuez moscada. Déjela cocer de 2 a 3 minutos más. Finalmente, salpimiente y decore la sopa con el cebollino.

22

Ingredientes

3 **zanahorias** · 1 **puerro** pequeño · 100 g de **apio**

2 dientes de **ajo** · 250 g de **tomates** maduros

1^1/$_2$ l de **caldo vegetal** · 1 cucharada de **aceite**

250 g de **garbanzos** (en conserva)

100 g de **fideos de arroz**

2 cucharadas de **tomate frito**

^{1}/$_2$ cucharadita de **semillas de cilantro**

y de **comino** · **sal** · **pimienta**

1 cápsula de **cardamomo** (sólo semillas

negras) · 1 **chile seco** · 1 **clavo**

^{1}/$_4$ de cucharadita de **canela** y de **cúrcuma en**

polvo · **nuez moscada** recién molida

Ingredientes

1 manojo de **eneldo**

200 g de **queso de cabra**

1 cucharada de **crema de leche**

pimienta

6-10 láminas de **pasta filo** o de arroz

2 **zanahorias**

2 dientes de **ajo**

1 cucharada de **mantequilla**

2 cucharadas de **menta** finamente picada

300 g de **yogur** entero

sal

aceite para freír

Rollitos de queso
con mojo de yogur y zanahoria

Preparación
PARA 4 PERSONAS

1 Para el relleno, lave el eneldo, arranque las puntas y píquelo. Desmigue el queso de cabra en un cuenco, mézclelo con la crema, el eneldo y sazone con pimienta.

2 Extienda la pasta sobre la superficie de trabajo, sobreponga 2 láminas y divídalas a lo largo o cuartéelas. Pincele los bordes con agua. Coloque un poco de relleno sobre las láminas y enróllelas. Pincele los extremos de la pasta con agua y presione para encerrar el relleno.

3 Para el mojo, pele las zanahorias y rállelas finamente. Pele y pique el ajo. Caliente el wok y derrita la mantequilla. Dore las zanahorias y el ajo con la mantequilla y deje enfriar. Añádalas al yogur junto con la menta y salpimiente.

4 Limpie el wok con papel de cocina y caliente el aceite. Fría los rollitos en el aceite hasta que estén dorados, déjelos escurrir y sírvalos calientes con el mojo.

Won-tons
de espinacas al vapor

Típicamente **asiáticos:** estos pequeños bocaditos con un delicioso relleno de verduras se preparan fácilmente y siempre constituyen una **sorpresa.**

Ingredientes

200 g de hojas de **espinaca**

(congeladas)

20 láminas de **won-ton**

(congeladas)

4 **champiñones**

2 **cebollas** tiernas

50 g de **brotes de bambú**

(en conserva)

1 cucharadita de **jengibre** recién

rallado · 1 diente de **ajo**

1 cucharadita de **maicena**

2 cucharaditas de **aceite de**

sésamo

1 pizca de **azúcar · sal · pimienta**

unas hojas de **lechuga**

Preparación

PARA 4 PERSONAS

1 Deje descongelar las espinacas, exprímalas bien y píquelas finamente. Deje descongelar las hojas de won-ton cubiertas con un paño húmedo durante unos 30 minutos.

2 Limpie los champiñones y las cebollas tiernas y píquelos finamente. Deje escurrir los brotes de bambú en un colador y córtelos en dados pequeños.

3 Mezcle los champiñones, las cebollas tiernas y los brotes de bambú con el jengibre rallado. Pele el ajo, píquelo finamente y añádalo. Agregue la maicena y una cucharadita de aceite de sésamo y sazone la mezcla con azúcar, sal y pimienta.

4 Ponga una cucharadita de relleno en el centro de cada hoja de won-ton. Doble los bordes de las hojas hacia arriba sobre el relleno y presione ligeramente; en el centro debe quedar un poco de relleno visible.

5 Ponga a hervir de $^1/_4$ a $^1/_2$ l de agua en el wok. Cubra el cestillo de bambú o el utensilio para cocer al vapor con hojas de lechuga lavadas. Coloque encima los won-tons y déjelos cocer tapados durante unos 10 minutos. Antes de servirlos, rocíelos con el aceite de sésamo restante.

Las láminas de won-ton, pequeños cuadrados de pasta de harina de trigo y huevo, se encuentran congeladas en las tiendas de productos asiáticos. Separe las porciones que necesita para cocinar y vuelva a congelar el resto.

Won-tons fritos
rellenos de coco y hortalizas

Una variante de todo un clásico: los saquitos de pasta fritos y crujientes
con un extravagante relleno son un bocadito exótico muy actual.

Ingredientes

20 láminas de **won-ton**

(congeladas)

2 **cebollas** tiernas

1 **zanahoria**

1 lata pequeña de granos de **maíz**

(150 g de peso escurrido)

75 g de **pasta de coco** o **coco**

fresco rallado

5 cucharadas de **salsa de soja**

pimienta

aceite para freír

Preparación
PARA 4 PERSONAS

1 Deje descongelar las láminas de won-ton cubiertas con un paño húmedo durante unos 30 minutos.

2 Mientras tanto, prepare y lave las cebollas tiernas y córtelas en anillos muy finos. Pele la zanahoria y rállela groseramente. Escurra el maíz en un colador, enjuáguelo brevemente y déjelo escurrir.

3 Para el relleno, aplaste la pasta de coco en un cuenco. Mézclela con las cebollas tiernas, las zanahorias y el maíz, y sazone con la salsa de soja y un poco de pimienta. Remueva bien la mezcla.

4 Ponga una cucharadita de relleno en el centro de cada lámina de won-ton. Pincele los bordes con agua, levántelos y retuérzalos para formar unas bolsitas.

5 Caliente el aceite en el wok. Fría los won-tons hasta que estén dorados. Retírelos con una espumadera y déjelos escurrir sobre papel de cocina.

Pruebe también para los won-tons un relleno preparado con 300 g de tomates pelados, sin semillas y picados, 125 g de mozzarella picada y sazone con ajo, albahaca, perejil, sal y pimienta.

Rollitos
de primavera chinos

Preparación
PARA 4 PERSONAS

1 Ponga los fideos de celofán y las setas en sendos cuencos, cúbralos con agua hirviendo y déjelos reposar unos 15 minutos. Extienda las láminas para los rollitos de primavera para descongelarlas.

2 Prepare y lave la col china y córtela en tiras. Pele y pique el jengibre. Escurra los fideos y córtelos en trozos de 2 cm de longitud. Escurra las setas y córtelas en tiras; elimine los tallos duros. Mezcle la col, las zanahorias, las cebollas tiernas y el cebollino con los fideos, las setas y el jengibre y sazónelo todo con aceite de sésamo y sal.

3 Corte las láminas de pasta por la mitad. Mezcle la maicena con 1 cucharada de agua. Coloque aproximadamente 1 cucharadita de relleno de hortalizas sobre la mitad inferior de cada trozo de pasta. Doble los bordes sobre el relleno, pincele con la maicena y enrolle. Apriete los extremos del rollito.

4 Caliente el aceite en el wok. Fría los rollitos de primavera de 2 a 3 minutos o hasta que estén dorados. Escúrralos sobre papel de cocina y resérvelos al calor hasta el momento de servir.

28

Ingredientes

25 g de **fideos de celofán**

10 **setas chinas** deshidratadas

14 **láminas de pasta** para rollitos de primavera (congeladas)

150 g de **col china** · 1 nuez de **jengibre**

1 **zanahoria** (cortada en tiras finas)

1 manojo de **cebollas tiernas** (cortadas en aros finos)

1 manojo de **cebollino** (cortado en trozos pequeños)

1-2 cucharaditas de **aceite de sésamo**

sal · 1 cucharada de **maicena** · **aceite** para freír

Ingredientes

12 láminas de **papel de arroz**

2 **huevos**

1 cucharada de **aceite de sésamo**

sal

1 **pimiento rojo**

¹/₂ manojo de **cebollas** tiernas

30 g de **brotes de soja**

¹/₂ manojo de **cebollino** (picado)

3 hojas de **lechuga** (cortadas a tiras)

pimienta

unas hojas de **cilantro** y **toronjil**

aceite para el cestillo de vapor

Rollitos vegetales
en papel de arroz

Preparación
PARA 2 PERSONAS

1 Sumerja las hojas de papel de arroz en un cuenco con agua caliente y dispóngalas sobre paños de cocina hasta que se ablanden.

2 Ponga a hervir unos 3 cm de agua en el wok. Bata los huevos con el aceite de sésamo y la sal en un cuenco. Ponga el cuenco en el cestillo de vapor y éste en el wok. Tape la mezcla de huevo y déjela cuajar a fuego medio unos 10 minutos. Corte el huevo cuajado en dados pequeños.

3 Prepare y lave el pimiento y las cebollas y córtelos a tiras. Enjuague los brotes con agua hirviendo. Para el relleno, mezcle el pimiento, la cebolla, los brotes, las hierbas, la lechuga y el huevo y sazónelo todo con sal y pimienta.

4 Sobreponga 2 hojas de papel de arroz, llénelas con el relleno, enróllelas y coloque los rollitos en el cestillo de vapor engrasado. Ponga unos 3 cm de agua en el wok, introduzca el cestillo y deje cocer los rollitos al vapor unos 5 minutos.

Verdura

Wok de hortalizas
y tirabeques

Se come también con la **vista**: setas, hortalizas y brotes de soja
combinados en un colorido y crujiente festival de **vitaminas**.

Ingredientes

2 cucharadas de **setas chinas**

deshidratadas

2 cucharadas de **salsa de soja** clara

2 cucharadas de **vino de arroz**

50 ml de **caldo vegetal**

½ **col china** · 1 **pimiento rojo**

1 **calabacín** pequeño

100 g de **champiñones**

100 g de **tirabeques**

100 g de **brotes de soja**

200 g de **mazorcas** de maíz mini

(en conserva)

1 diente de **ajo**

1 nuez de **jengibre**

3 cucharadas de **aceite de**

cacahuete

1 cucharada de **aceite de sésamo**

sal · pimienta

Preparación
PARA 4 PERSONAS

1 Ponga las setas en un cuenco pequeño, cúbralas con agua
hirviendo y déjelas hidratar unos 15 minutos. Mezcle la salsa
de soja, el vino de arroz y el caldo vegetal en otro cuenco.

2 Prepare y lave las hortalizas. Corte la col, el pimiento y el
calabacín en tiras. Prepare los champiñones y córtelos a rodajas.
Enjuague los tirabeques y los brotes en un colador y déjelos
escurrir. Escurra las mazorcas y divídalas longitudinalmente.

3 Escurra las setas rehidratadas en un colador, enjuáguelas
brevemente y córtelas en trozos pequeños. Pele el ajo
y el jengibre y píquelos finamente.

4 Caliente el wok y agregue el aceite de cacahuete. Añada el aceite
de sésamo y caliéntelo también. Dore el ajo y el jengibre. Añada
las tiras de pimiento y calabacín, las mazorcas de maíz y las setas
rehidratadas y saltéelo todo sin dejar de remover durante unos
3 minutos.

5 Añada entonces las setas frescas, los tirabeques y los brotes, y
siga salteando 2 minutos más. Añada la mezcla de salsa de soja
y vino de arroz, y continúe salteando hasta que las hortalizas
estén crujientes. Finalmente, sazone con sal y pimienta.
Acompañe el plato con arroz basmati.

Coliflor picante
con puerro y tomate

Maravillosamente aromáticos: los ramitos de coliflor picantes no pertenecen en vano a los clásicos favoritos de la cocina indonesia.

Ingredientes

1 **cebolla** blanca

4 **chiles rojos**

4 dientes de **ajo**

1 nuez de **jengibre**

250 g de **puerro**

1 **coliflor** (aprox. 800 g)

sal

240 g de **tomate**

4 cucharadas de **aceite de coco**

2 pizcas de **cúrcuma en polvo**

3 cucharadas de **salsa de soja** clara

3 cucharadas de **salsa de soja** dulce

Preparación
PARA 4 PERSONAS

1 Pele la cebolla y píquela. Corte los chiles longitudinalmente, elimine las semillas, lávelos y córtelos en tiras finas. Pele el ajo y el jengibre y píquelos finamente.

2 Prepare y lave el puerro y la coliflor. Corte el puerro en tiras finas de unos 5 cm de longitud. Separe la coliflor en ramitos, divida los más grandes longitudinalmente. Hierva los ramitos de coliflor en agua salada unos 4 minutos o hasta que estén al dente. Vuélquelos en un colador, enjuáguelos con agua fría y déjelos escurrir.

3 Escalde y pele los tomates, pártalos, elimine las semillas y corte la pulpa en dados.

4 Caliente el wok y agregue el aceite de coco. Saltee las cebollas, el ajo, el jengibre y el chile a fuego medio. Añada la cúrcuma y mézclelo todo brevemente. Agregue los ramitos de coliflor y las tiras de puerro y saltéelo todo 2 minutos.

5 Mezcle 200 ml de agua con las salsas de soja, viértala sobre las hortalizas y déjelo cocer todo unos 2 minutos. Añada los dados de tomate y caliente la mezcla nuevamente.

Acompañe este plato con un mojo de yogur preparado con 150 g de yogur entero, 2 dientes de ajo picados, 1 pimiento picado y un poco de comino, mezclado con un poco de perejil picado, sal y pimienta.

Hortalizas salteadas
con mazorcas de maíz

Preparación
PARA 4 PERSONAS

1 Lave el arroz basmati en un colador y póngalo a hervir con unos 150 ml de agua, 1 pizca de sal y 1 cucharadita de aceite. Déjelo cocer a fuego lento unos 15 minutos.

2 Prepare los pimientos, córtelos por la mitad a lo largo, elimine las semillas, lávelos y córtelos en tiras. Divida las mazorcas de maíz longitudinalmente. Prepare, lave y corte las judías verdes. Pele la cebolla y córtela longitudinalmente en octavos. Prepare y lave las berenjenas y cuartéelas. Enjuague los garbanzos y los brotes en un colador y déjelos escurrir.

3 Para la mezcla de especias, corte los chiles longitudinalmente, elimine las semillas y lávelos. Pele el ajo, la cúrcuma y el jengibre y pique los chiles. Prepare y lave las cebollas tiernas y córtelas en anillos.

4 Caliente el wok y agregue 4 cucharadas de aceite de cacahuete. Saltee las hortalizas y retírelas. Caliente el aceite restante, añada el arroz y dórelo 5 minutos. Añada las especias y sofríalas brevemente. Añada las hortalizas y el caldo vegetal. Sazone con salsa de soja, sal y pimienta y mezcle bien.

Ingredientes

120 g de **arroz basmati** · **sal** · 1 cucharadita de

aceite · 1 **pimiento rojo**, 1 **verde** y 1 **amarillo**

6 **mazorcas de maíz** mini (en conserva)

120 g de **judías verdes** · 1 **cebolla** pequeña

4 **berenjenas** tailandesas pequeñas o 1 grande

50 g de **garbanzos** (en conserva)

100 g de **brotes de soja** · 2 **chiles rojos**

2 dientes de **ajo** · 1 nuez de **cúrcuma**

1 nuez de **jengibre** · 2 **cebollas** tiernas

8 cucharadas de **aceite de cacahuete**

$^1/_8$ de l de **caldo vegetal**

5 cucharadas de **salsa de soja** clara · **pimienta**

Ingredientes

250 g de **judías verdes** · **sal**

250 g de **cebollas** tiernas

3-4 **chiles rojos** · 1 nuez de **jengibre**

300 g de **zanahorias** · 500 g de **boniatos**

200 g de **patatas** · 5 cucharadas de **aceite**

2 pizcas de **cardamomo**

4 pizcas de **cúrcuma en polvo**

3 pizcas de **comino en polvo** y **pimentón**

2 pizcas de **clavo en polvo**

$^1/_4$ de l de **leche de coco** sin azucarar

$^1/_4$ de l de **caldo vegetal**

100 g de **yogur** entero

Curry de hortalizas
y boniatos

Preparación
PARA 4 PERSONAS

1 Lave las judías, córtelas por la mitad, escáldelas en agua salada y escúrralas. Limpie las cebollas tiernas, corte el tallo verde en tiras delgadas y pique la parte planca. Elimine las semillas de los chiles, lávelos y córtelos en tiras finas. Pele y pique el jengibre. Pele las zanahorias, los boniatos y las patatas y córtelos en trozos pequeños.

2 Dore en el wok la parte blanca de las cebollas, el jengibre, el chile y las especias, retire $^3/_4$ partes y apártelas.

3 Añada 2 cucharadas de aceite al wok. Dore las patatas y los boniatos, añada la leche de coco y el caldo y déjelo hervir con el recipiente tapado durante 7 minutos. Añada las zanahorias, las judías, el tallo verde de las cebollas y la mezcla previamente dorada, excepto 1 cucharada. Continúe salteando el curry 3 minutos más y sazónelo con sal. Amalgame el yogur con el resto de la mezcla de especias. Decore el curry al gusto con hojas de cilantro y acompáñelo con el yogur especiado.

Brécoles
con setas

Un pequeño esfuerzo para un **gran** resultado: los brécoles y las setas aromáticas se convierten en el wok en una delicia **culinaria** del Lejano Oriente.

Ingredientes

12 **setas tongu** o **shiitake** deshidratadas

3 cucharadas de **salsa de soja**

sal

1 cucharada de **jerez seco**

1 cucharadita de **maicena**

1 cucharadita de **azúcar**

½ l de **caldo vegetal**

250 g de **brécoles**

1 cucharada de **aceite de sésamo**

2 cucharadas de **aceite**

1 nuez de **jengibre**

Preparación
PARA 4 PERSONAS

1 Cubra las setas con agua hirviendo y déjela rehidratar unos 20 minutos. Escurra las setas en un colador y enjuáguelas brevemente. Corte los tallos y, según el tamaño de las setas, déjelas enteras o divídalas en mitades o cuartos.

2 Mezcle la salsa de soja, ½ cucharadita de sal, el jerez, la maicena, el azúcar y el caldo en un cuenco pequeño y ponga a hervir la mezcla en un wok. Cueza las setas a fuego lento durante 10 minutos hasta que la salsa se espese. En caso de que la salsa se espese demasiado, deslíela con un poco de agua o caldo.

3 Mientras tanto, prepare y lave el brécol y divídalo en ramitos. Pele los tallos y córtelos en trozos de 1 cm de anchura. Ponga a hervir agua salada y escalde los tallos 2 minutos y los ramitos 1 minuto. Enjuáguelos con agua fría y déjelos escurrir en un colador.

4 Ponga las setas con la salsa en una fuente y resérvelas al calor.

5 Caliente el wok, añada el aceite de sésamo y el aceite vegetal. Pele y pique el jengibre y dórelo en el aceite caliente. Añada los brécoles y saltéelos sin dejar de remover durante 2 minutos. Añada las setas con la salsa y sirva el plato muy caliente.

Col rizada
con coco laminado

Un toque de **exotismo**: el coco, el chile y el limón convierten este plato en un refinado placer para el paladar que evocará **sensaciones** veraniegas.

Ingredientes

800 g de **col** rizada

2 **cebollas**

1 diente de **ajo**

1 **chile rojo**

3 cucharadas de **aceite**

400 ml de **leche de coco** sin

azucarar

$^1/_2$ cucharadita de **cáscara de**

limón rallada

sal · pimienta

50 g de **coco fresco** (o ralladura

de coco)

Preparación
PARA 4 PERSONAS

1 Prepare la col, lave las hojas y córtelas en tiras de unos 2 cm de anchura. Pele las cebollas y el ajo y píquelos finamente. Divida el chile longitudinalmente, elimine las semillas, lávelo y córtelo en tiras finas.

2 Caliente el wok y añada el aceite. Saltee las tiras de col sin dejar de remover durante unos 5 minutos. Añada las cebollas, el ajo y las tiras de chile y saltee 2 minutos más sin dejar de remover.

3 Vierta la leche de coco. Agregue la cáscara de limón y sale. Cueza la col a fuego medio hasta que esté al dente, removiendo ocasionalmente.

4 Sazone con sal y pimienta. Corte el coco fresco en láminas finas. Sirva la col adornada con el coco.

En las tiendas de productos asiáticos encontrará leche de coco enlatada. Como alternativa dispone también de leche de coco en polvo y pasta o crema de coco, que debe diluirse previamente en agua.

Rollitos de espinacas
con salsa de curry al coco

Preparación
PARA 2 PERSONAS

1 Lave las hojas de limón y córtelas en tiras. Elimine los tallos de las hojas de espinacas. Lave las hojas y escáldelas brevemente en agua hirviendo salada; déjelas escurrir y extiéndalas sobre la superficie de trabajo.

2 Prepare y lave las hortalizas. Corte el calabacín y las zanahorias en trozos de 5 a 6 cm de longitud. Corte el hinojo en tiras oblicuas. Cubra las espinacas con las hojas de limón y las hortalizas y salpiméntelas. Enrolle las espinacas y átelas con el cebollino.

3 Pele y pique el ajo. Lave la albahaca y separe las hojas. Ponga los tallos con el ajo en el wok. Añada ¹/₄ de l de agua y el zumo de limón y hierva el conjunto. Ponga los rollitos en el cestillo para cocer al vapor y déjelos cocer tapados unos 15 minutos.

4 Reserve los rollitos al calor. Retire los tallos de albahaca del caldo. Hierva el caldo con la pasta de curry y la leche de coco y sale. Añada las hojas de albahaca y hierva la salsa hasta que se reduzca de volumen. Acompañe los rollitos de espinacas, con la salsa.

Ingredientes

4 **hojas de limón**

400 g de hojas grandes de **espinacas**

sal · 1 **calabacín** · 2 **zanahorias**

4 **espárragos** verdes o blancos

1 manojo de **cebollas** tiernas

1 **hinojo** · **pimienta**

unos tallos de **cebollino** (alternativamente

bramante)

2 dientes de **ajo** · 1 manojo de **albahaca**

1 cucharada de **zumo de limón**

2 cucharaditas de **salsa de curry** roja

2 cucharadas de **leche de coco** sin azucarar

Ingredientes

12 g de **setas mu-err** u **orejas de bosque**

deshidratadas

750 g de **espárragos** verdes

2 dientes de **ajo**

1 nuez de **jengibre**

4 cucharadas de **aceite**

100 ml de **caldo vegetal**

1 cucharada de **salsa de soja** clara

2 cucharadas de **vinagre de vino blanco**

1 cucharadita de **aceite de sésamo**

sal

pimienta

Espárragos verdes
con setas mu-err

Preparación
PARA 4 PERSONAS

1 Cubra las setas mu-err con agua hirviendo y déjelas rehidratar 15 minutos. Mientras tanto, lave los espárragos, pele el tercio inferior y córtelos transversalmente en trozos de 4 cm de longitud. Pele el ajo y el jengibre y píquelos finamente.

2 Caliente el wok y añada 2 cucharadas de aceite. Dore el ajo hasta que esté dorado, retírelo y resérvelo.

3 Caliente el aceite restante en el wok. Dore los trozos de espárrago unos 5 minutos. Escurra las setas, enjuáguelas y córtelas en trozos grandes. Añádalas al wok junto con el jengibre y saltee. Agregue el caldo y déjelo hervir todo de 2 a 3 minutos.

4 Mezcle la salsa de soja, el vinagre y el aceite de sésamo; viértala sobre los espárragos y sazone con sal y pimienta. Cubra con el ajo tostado.

Cazuela de calabaza
con judías y maíz

¿Quién echa de menos la carne? Un colorido popurrí de hortalizas se convierte
en el wok en un plato extraordinario gracias a los chiles, el ajo y el tomate frito.

Ingredientes

500 g de **calabaza**

350 g de **judías** perona

500 g de **tomates** maduros

3 **cebollas**

2 dientes de **ajo**

1 lata de **maíz** en grano (340 g de

peso escurrido)

2 cucharadas de **aceite**

2 cucharadas de **tomate** frito

200 ml de **caldo vegetal**

sal

pimienta

azúcar

1/2 cucharadita de **orégano** seco

30 g de **coco** rallado

Preparación
PARA 4 PERSONAS

1 Trocee la calabaza. Prepare y lave las judías y córtelas en trozos
de 3 cm de longitud. Escalde y pele los tomates, elimine las
semillas y corte la pulpa en dados grandes.

2 Pele las cebollas y los ajos y píquelos finamente. Corte los chiles
longitudinalmente, elimine las semillas, lávelos y córtelos en tiras
finas. Ponga los granos de maíz en un colador, enjuáguelos
brevemente y déjelos escurrir.

3 Caliente el wok y añada el aceite. Dore las cebollas y el ajo.
Añada las judías troceadas y saltee 1 minuto sin dejar de remover.
Incorpore los trozos de calabaza y la mitad de las tiras de chile
y dórelo todo ligeramente. Agregue los dados de tomate, los
granos de maíz y el tomate frito y saltéelo brevemente.

4 Añada el caldo, la sal, la pimienta, 1 pizca de azúcar y el orégano
y déjelo rehogar con el recipiente tapado y a fuego lento unos
30 minutos; añada un poco de agua si es necesario. Mezcle las
tiras de chile restantes con el coco rallado y espolvoree sobre
el conjunto antes de servirlo.

**La temporada de las calabazas va
de finales de verano a febrero.
Se venden enteras y también en trozos.
Para esta receta elija preferiblemente
una calabaza de carne naranja.**

Espinacas
con yogur

Las especias son la clave: el jengibre, el curry y el cilantro
proporcionan a este plato de origen indio un aroma inigualable.

Ingredientes

500 g de **espinacas** frescas

1 **cebolla**

2 dientes de **ajo**

1 nuez de **jengibre**

1 cucharada de **semillas de**

coriandro

1 cucharada de **comino**

2 **chiles** secos

2 cucharadas de **semillas de**

sésamo

2 cucharadas de **mantequilla**

sal

$1/2$ cucharadita de **curry en polvo**

$1/2$ cucharadita de **azúcar**

150 g de **yogur** entero

Preparación
PARA 4 PERSONAS

1 Prepare las espinacas, lávelas en abundante agua fría y déjelas
escurrir en un colador. Pele la cebolla y píquela. Pele el ajo y
el jengibre y píquelos finamente. Muela el coriandro, el comino
y los chiles secos en un mortero. Tueste las semillas de sésamo
en el wok caliente sin grasa hasta que estén doradas.

2 Caliente el wok, añada la mantequilla y deje que se derrita. Dore
la cebolla, el ajo y el jengibre. Añada las especias, la sal, el curry
y el azúcar. Cuando el aroma sea intenso, incorpore las hojas de
espinacas escurridas y deje reducir su volumen, teniendo cuidado
de que se mezclen bien con las especias.

3 Finalmente añada el yogur a las espinacas; caliéntelo pero sin
dejarlo hervir. Espolvoree las semillas de sésamo tostadas sobre
las espinacas. Sírvalas con arroz.

**El yogur aporta un gusto ligeramente
ácido y suaviza el sabor picante. Para los
platos asiáticos debe contener al menos
un 3,5% de grasa; también resulta ideal
el yogur griego con un 10% de grasa.**

Wok de hortalizas
agridulces

Preparación
PARA 4 PERSONAS

1 Prepare los pimientos, córtelos longitudinalmente, elimine las semillas, lávelos y córtelos en tiras. Pele las zanahorias y córtelas en tiras. Prepare la coliflor, lávela, divídala en ramitos y corte el tallo a rodajas. Prepare y lave el puerro y córtelo en tiras. Escurra las mazorcas de maíz en un colador.

2 Corte el chile longitudinalmente, elimine las semillas, lávelo y píquelo. Pele y pique el jengibre.

3 Mezcle la salsa de soja, el vinagre, el tomate y el azúcar. Añada el chile, el jengibre, el comino y el coriandro. Mezcle la maicena con el caldo vegetal y añádala a la preparación anterior.

4 Caliente el wok y añada el aceite. Saltee las zanahorias y la coliflor unos 3 minutos. Añada el puerro, el pimiento y el maíz y saltéelo todo unos 2 minutos. Riegue con la salsa y déjela hervir unos 5 minutos o hasta que las hortalizas estén al dente. Acompañe el conjunto con arroz basmati.

48

Ingredientes

1 **pimiento verde** y 1 **rojo** · 3 **puerros** finos

500 g de **zanahorias** · 1 **coliflor** pequeña

6 **mazorcas de maíz** mini (en conserva)

1 **chile rojo** · 1 nuez de **jengibre**

2 cucharadas de **salsa de soja**

2 cucharadas de **vinagre de arroz**

4 cucharadas de **tomate** triturado

2 cucharadas de **azúcar moreno**

$1/4$ de cucharadita de **comino**

$1/4$ de cucharadita de **coriandro en polvo**

$1/2$ cucharadita de **maicena**

$1/8$ de l de **caldo vegetal**

3 cucharadas de **aceite**

Ingredientes

750 g de **berenjenas** medianas

1 **pimiento rojo** · 3 **cebollas** tiernas

3 dientes de **ajo** · 1 nuez de **jengibre**

2 **chiles verdes**

2 cucharadas de **semillas de sésamo**

10 cucharadas de **aceite** · **sal**

2 cucharadas de **vinagre de vino blanco**

1 cucharadita de **sambal oelek** (pasta de guindillas)

1 cucharadita de **comino**

1 cucharadita de **canela**

1 cucharadita de **coriandro en polvo**

Berenjenas
con pimiento al sésamo

Preparación
PARA 4–6 PERSONAS

1 Lave y corte la berenjena a dados grandes. Corte los pimientos longitudinalmente, elimine las semillas, lávelos y córtelos en trozos de 2 cm. Lave las cebollas tiernas y córtelas en trozos de 4 cm de longitud. Pele los ajos y el jengibre y píquelos groseramente. Elimine las semillas del chile, lávelo y córtelo en tiras finas.

2 Tueste las semillas de sésamo en el wok caliente sin engrasar y resérvelas.

3 Ponga 1 cucharada de aceite en el wok, saltee los trozos de pimiento 1 minuto y retírelos. Saltee las berenjenas en 8 cucharadas de aceite de 3 a 5 minutos, sale y retírelas. Ponga el aceite restante en el wok y saltee las cebollas tiernas, el ajo, el jengibre y el chile sin dejar de remover. Añada el vinagre y el sambal oelek removiendo a fondo.

4 Devuelva las berenjenas y el pimiento al wok con las especias y saltee. Espolvoree con sésamo y sirva enseguida.

Tempura de verduras
con mojo de papaya

Sabor por dentro y por fuera: hortalizas fritas en masa de tempura.
Así celebra la cocina japonesa el arte de la refinada sencillez.

Ingredientes

500 g de **espárragos** verdes

200 g de **setas chinas shiitake**

1 **pimiento rojo**

1 **chile rojo**

40 g de **cebollas** tiernas

6 **ajos** tiernos

1 **papaya** (aprox. 400 g)

3-4 cucharadas de **salsa de soja**

clara

3-4 cucharadas de **zumo de lima**

1 pizca de **azúcar**

150 g de **harina**

1 cucharadita rasa de **levadura en**

polvo

1 **huevo**

1 cucharada de **salsa de soja**

oscura

aceite de cacahuete para freír

Preparación
PARA 4 PERSONAS

1 Ponga unos 200 ml de agua en un recipiente de plástico y resérvelo 20 minutos en el congelador. Lave los espárragos, pele el tercio inferior y córtelos en trozos de unos 8 cm de longitud. Prepare las setas shiitake. Limpie el pimiento, divídalo de forma longitudinal, elimine las semillas, lávelo y córtelo en tiras.

2 Corte el chile longitudinalmente, elimine las semillas, lávelo y píquelo. Prepare y lave las cebollas tiernas y córtelas en anillos finos. Lave los ajos tiernos, escúrralos y píquelos.

3 Para el mojo, corte la papaya longitudinalmente, elimine las semillas y pélela. Corte la pulpa en dados pequeños, mézclelos con la salsa de soja clara y el zumo de lima. Agregue a continuación el chile, las cebollas tiernas, los ajos tiernos y el azúcar.

4 Precaliente el horno a 75 °C. Mezcle la harina y la levadura en polvo en un cuenco. Bata el huevo con un tenedor y agréguele el agua helada y la salsa de soja oscura. Añada rápidamente la mezcla de harina; la masa debe quedar fluida y no debe reposar mucho tiempo porque se hinchará.

5 Caliente unos 2 cm de aceite de cacahuete en un wok a fuego moderado. Pase las hortalizas por la masa, déjelas escurrir brevemente y fríalas a porciones en el aceite caliente durante unos 5 minutos o hasta que estén uniformemente doradas. Déjelas escurrir sobre papel de cocina y manténgalas calientes en el horno. Sírvalas con el mojo de papaya.

Albóndigas vegetales
con salsa india

¿Le apetece algo picante y especiado? Entonces estas albóndigas
crujientes con una salsa picante de yogur son lo más indicado.

Ingredientes

1 cebolla · 1 diente de ajo

2 chiles verdes · 1 nuez de jengibre

350 g de harina de garbanzos

1 cucharada de coriandro molido

1/2 cucharadita de semillas de

ajowan (opcional) · sal · pimienta

1 cucharadita de levadura en

polvo · aceite para freír

harina para las albóndigas

Para la salsa:

300 g de yogur entero

2 cucharadas de harina de

garbanzos · 1 cucharadita de

cúrcuma en polvo

sal · 1 cucharadita de semillas de

mostaza · 4 chiles secos pequeños

1 cucharadita de cominos

Preparación
PARA 4 PERSONAS

1 Pele la cebolla y el ajo y píquelos muy finamente. Corte los chiles
longitudinalmente, elimine las semillas, lávelos y córtelos en
dados pequeños. Pele el jengibre y píquelo finamente.

2 Ponga las cebollas, el ajo, el chile y el jengibre en un cuenco;
vierta encima la harina de garbanzos y el coriandro. Mezcle
con el ajowan, la sal, la pimienta y la levadura en polvo. Añada
poco a poco unos 180 ml de agua hasta obtener una masa firme
y moldeable. Déjela reposar unos 15 minutos.

3 Para la salsa, ponga el yogur en un cazo y mézclelo con la harina
de garbanzos, la cúrcuma y un poco de sal. Añada unos 400 ml de
agua y caliente la mezcla lentamente y sin dejar de remover. Deje
hervir a fuego lento 20 minutos sin tapar y remueva ocasionalmente.

4 Caliente unos 3 cm de aceite en el wok. Separe porciones de la
masa del tamaño de una nuez con una cuchara y forme pequeñas
bolitas con las manos enharinadas. Fríalas en aceite caliente hasta
que estén doradas y déjelas escurrir sobre papel de cocina.

5 Saque el aceite del wok, excepto una pequeña parte. Tueste
las semillas de mostaza, el chile y el comino hasta que estén
crujientes. Mezcle las especias con la salsa de yogur. Mezcle las
bolitas de verdura fritas con la salsa y caliente el conjunto unos
10 minutos más.

Pasta, arroz y Cía.

Fideos de arroz
con col y setas

A los palillos, listos, ¡ya!: con fideos de arroz, aromáticas setas y verduras multicolores, llega a su mesa el estilo de vida del Lejano Oriente.

Ingredientes

300 g de **fideos de arroz** anchos

250 g de **col** rizada

300 g de **setas de cardo**

$^1/_2$ **pimiento rojo**

75 ml de **caldo vegetal**

3 cucharadas de **zumo de lima**

3 cucharadas de **salsa de soja** clara

4 cucharadas de **aceite**

sal

pimienta de Cayena

unas hojas de **cilantro** o perifollo

Preparación
PARA 4 PERSONAS

1 Ponga los fideos de arroz en un cuenco y cúbralos con agua hirviendo. Déjelos reposar 15 minutos. Viértalos en un colador y déjelos escurrir.

2 Mientras tanto, limpie la col, elimine las nervaduras centrales de las hojas, lávelas y córtelas en tiras finas. Limpie las setas y córtelas en tiras finas. Elimine las semillas del pimiento, lávelo y píquelo finamente.

3 Mezcle el caldo vegetal con el zumo de lima y la salsa de soja en un cuenco pequeño.

4 Caliente el wok y añada el aceite. Saltee las setas 1 minuto sin dejar de remover y apártelas a un lado del wok. Añada la col y saltéela de 4 a 5 minutos.

5 Mézclela con las setas, añada los fideos escurridos y la salsa y saltee el conjunto sin dejar de remover. Sazone con sal y pimienta de Cayena y mezcle con el pimiento picado y las hojas de cilantro o perifollo.

Puede encontrar distintas variedades de fideos en las tiendas de productos asiáticos. No se cuecen sino que únicamente se remojan. Como alternativa puede emplear tallarines de pasta al huevo.

Fideos
a las cuatro setas

La **mejor** combinación: con este clásico plato de pasta
no sólo disfrutarán los **amantes** de la cocina asiática.

Ingredientes

10 setas mu-err u orejas de

bosque deshidratadas

200 g de champiñones

200 g de setas de cardo

50 g de setas chinas shiitake

100 g de brotes de judías mungo

1 zanahoria · 1 cebolla tierna

2 dientes de ajo

1 nuez de jengibre

150 g de col china

1 cucharada de maicena

4 cucharadas de vino de arroz

400 g de tallarines finos

sal · 3 cucharadas de aceite

150 ml de caldo vegetal

3 cucharadas de aceite de soja

pimienta

Preparación
PARA 4 PERSONAS

1 Rehidrate las setas mu-err 15 minutos en agua hirviendo. Lave los champiñones, elimine los tallos duros y corte el resto en tiras. Limpie las setas frescas y elimine los tallos duros de las setas shiitake. Corte todas las setas en tiras finas. Enjuague los brotes de judías mungo con agua hirviendo y déjelos escurrir.

2 Pele la zanahoria y córtela en tiras gruesas como una cerilla. Limpie la cebolla tierna, lávela y córtela en anillos finos. Pele el ajo y el jengibre y píquelos finamente. Lave la col china y córtela en tiras finas. Mezcle en una taza o cuenco pequeño la maicena con el vino de arroz.

3 Hierva los tallarines en abundante agua salada hirviendo según las instrucciones del fabricante hasta que estén al dente. Al mismo tiempo, caliente el wok y añada el aceite. Saltee las cebollas tiernas, el ajo y el jengibre sin dejar de remover. Añada las setas y las zanahorias y saltee el conjunto unos 2 minutos.

4 Añada los brotes de judías mungo y la col china y saltee durante 1 minuto más. Vierta la mezcla de vino de arroz y maicena, el caldo y la salsa de soja y caliéntelo todo hasta que rompa el hervor. Salpimiente.

5 Escurra los tallarines en un colador y mézclelos con la salsa de setas. Si lo desea, adórnelos con perejil picado.

Fideos de huevo
con col y setas shiitake

Preparación
PARA 4 PERSONAS

1 Hierva los fideos de huevo en abundante agua salada siguiendo las instrucciones del fabricante. Escúrralos en un colador, enjuáguelos con agua fría y déjelos escurrir.

2 Cuartee la col, elimine el tronco y corte los cuartos transversalmente en tiras finas.

3 Pele la zanahoria y córtela en lonchas finas a lo largo y luego en tiras finas. Limpie y parta las setas.

4 Caliente el wok, añada la mitad del aceite y saltee las tiras de col y zanahoria sin dejar de remover y a fuego medio (no deben dorarse). Retire la mezcla. Caliente el aceite restante en el wok y fría las setas a fuego vivo hasta que estén doradas.

5 Añada las tiras de verdura y los fideos al wok. Mezcle bien y sazone con sal, pimienta, la mezcla de especias y la salsa de soja.

60

Ingredientes

250 g de **fideos de huevo** asiáticos

sal

½ **col** blanca tierna (unos 400 g)

1 **zanahoria** grande

200 g de **setas shiitake**

4 cucharadas de **aceite de cacahuete**

pimienta

1 cucharada de mezcla de **especias chinas**

4 cucharadas de **salsa de soja**

Ingredientes

100 g de **fideos de huevo** asiáticos

sal

2 **huevos**

pimienta

1 diente de **ajo**

2 tallos de **apio**

1 tallo de **acelga**

1 **cebolla** tierna

1 **pimiento rojo**

1 cucharada de **aceite**

100 g de **guisantes** (congelados)

un poco de **salsa de soja** oscura y clara

Bami goreng
con apio y acelgas

Preparación
PARA 2 PERSONAS

1 Hierva los fideos en abundante agua salada durante unos 4 minutos, viértalos en un colador, enjuáguelos con agua fría y déjelos escurrir. Bata los huevos y sazónelos con sal y pimienta.

2 Pele el ajo y píquelo finamente. Lave las acelgas, el apio, las cebollas tiernas y el pimiento. Corte el tallo de las acelgas a rodajas y las hojas en tiras. Corte el apio en trozos, las cebollas tiernas y el pimiento en tiras.

3 Caliente el wok y añada el aceite. Dore el ajo sin dejar de remover unos 3 minutos. Añada las verduras y los guisantes congelados y déjelo cocer todo durante 7 minutos más.

4 Añada los fideos y los huevos batidos y continúe salteando hasta que el huevo haya cuajado. Sazone el bami goreng con las salsas de soja y la pimienta y, si lo desea, decore con hojas de cilantro.

Fideos de arroz
con puerro y cacahuetes

En Asia se considera que los fideos traen buena suerte: no es de extrañar que
la cocina del Lejano Oriente los incluya en tantas deliciosas recetas de wok.

Ingredientes

125 g de **fideos de arroz** anchos

200 g de **zanahorias**

300 g de **puerros**

1 diente de **ajo**

1 nuez de **jengibre**

3 cucharadas de **aceite**

2 cucharadas de **cacahuetes**

tostados y salados

sal

pimienta

Preparación
PARA 4 PERSONAS

1 Ponga los fideos de arroz en un cuenco y cúbralos con agua salada
hirviendo. Déjelos reposar unos 15 minutos. Vuélquelos en un
colador y déjelos escurrir.

2 Limpie la zanahoria y los puerros y pele la zanahoria; córtelo todo
en tiras finas y largas. Pele el ajo y el jengibre y píquelos
finamente.

3 Caliente el wok y añada el aceite. Dore el jengibre y el ajo. Añada
las tiras de zanahoria y puerro y saltee sin dejar de remover.

4 Añada los fideos escurridos junto con los cacahuetes y saltee el
conjunto sin dejar de remover durante unos 2 minutos. Finalmente
sazone con sal y pimienta.

**Los fideos de verduras son muy
decorativos y fáciles de preparar: para
ello, raspe las zanahorias y córtelas a tiras
muy finas para obtener unos tallarines
de zanahoria. En el caso del apio, córtelo
con el cuchillo en tiras muy finas.**

Fideos de huevo
y espárragos al tamarindo

Simplemente **delicados**: hierba limonera, pasta de tamarindo y sambal kecap convierten a esta pasta en una experiencia de **sabor** incomparable.

Ingredientes

100 g de **fideos de huevo**

asiáticos

sal

100 g de **tofu**

200 g de **espárragos** verdes

1 **pak choy** pequeño

1 **escalonia**

1 diente de **ajo**

2 **patatas**

1 tallo de **hierba limonera**

1 cucharada de **pasta de**

tamarindo

1 cucharada de **aceite**

2 hojas de **limón**

2 cucharaditas de **sambal kecap**

1 cucharada de **salsa de soja**

Preparación

PARA 2 PERSONAS

1 Hierva los fideos en abundante agua salada siguiendo las instrucciones del fabricante. Viértalos en un colador, enjuáguelos con agua fría y déjelos escurrir.

2 Lave el tofu, séquelo y córtelo en cubos. Lave los espárragos, pele el tercio inferior y córtelos en trozos. Prepare y lave el pak choy y córtelo en trozos pequeños. Pele la escalonia y el apio y píquelos en dados pequeños. Pele las patatas y córtelas en dados. Limpie la hierba limonera y córtela en trozos. Mezcle la pasta de tamarindo con 3 cucharadas de agua tibia.

3 Caliente el wok y añada el aceite. Saltee el apio, la escalonia y la patata durante unos 5 minutos. Añada 50 ml de agua, las hojas de limón, la pasta de tamarindo y la hierba limonera. Tápelo todo y déjelo rehogar unos 10 minutos.

4 Destape, añada los espárragos y el pak choy y cueza unos 5 minutos. Añada los dados de tofu y cueza unos 2 minutos más. Añada los fideos, sazone con el sambal kecap y la salsa de soja.

La pasta de tamarindo se prepara a partir de las vainas del árbol de tamarindo. Es muy apreciada en Asia y aporta a los platos un sabor ligeramente ácido.

Fideos de celofán
con pimientos y brotes

Todo un **favorito** para los aficionados a los fideos: los fideos de celofán se combinan en el wok con hortalizas crujientes, brotes y **especias** exóticas.

Ingredientes

200 g de **fideos de celofán**

500 g de **pimientos** de colores

4 **cebollas** tiernas

150 g de **brotes de judías mungo**

2 dientes de **ajo**

1 nuez de **jengibre**

4 cucharadas de **aceite**

2 cucharadas de **salsa de soja** clara

sal · pimienta

2 cucharaditas de **aceite de sésamo**

Preparación

PARA 4 PERSONAS

1 Ponga los fideos de celofán en un cuenco, cúbralos con agua hirviendo y déjelos reposar unos 15 minutos. Viértalos en un colador y déjelos escurrir. Córtelos con unas tijeras de cocina en trozos pequeños.

2 Limpie los pimientos de colores, divídalos longitudinalmente, elimine las semillas, lávelos y córtelos en tiras. Prepare y lave las cebollas tiernas y corte incluso el tallo verde en trozos de 1 cm de longitud. Enjuague los brotes en un colador con agua caliente y déjelos escurrir. Pele el ajo y el jengibre y píquelos finamente.

3 Caliente el wok y añada el aceite. Saltee las tiras de pimiento, las cebollas tiernas y el ajo a fuego vivo sin dejar de remover de 3 a 4 minutos. Añada el jengibre y saltéelo brevemente.

4 Mezcle los fideos de celofán y los brotes con las hortalizas, sazone con la salsa de soja, la sal y la pimienta y saltee sin dejar de remover hasta que los fideos se calienten. Rocíe con aceite de sésamo en el momento de servir.

Los fideos de celofán se preparan con agua y harina de judías mungo y son duros y transparentes. Es preferible remojarlos en agua antes de cocinarlos en el wok.

Arroz de coco
y tirabeques al curry

Preparación
PARA 4 PERSONAS

1 Prepare y lave los tirabeques. Prepare y lave las cebollas tiernas y corte incluso el tallo verde en anillos finos. Prepare el pimiento, divídalo longitudinalmente, elimine las semillas, lávelo y córtelo en tiras. Pele la cebolla, el ajo y el jengibre y píquelos finamente.

2 Caliente el wok y añada el aceite. Saltee las hortalizas sin dejar de remover y a fuego vivo durante 2 minutos y retírelas. Añada la cebolla, el ajo y el jengibre y saltee 1 minuto. Añada el arroz y remueva hasta que esté vidrioso.

3 Moje el arroz con la leche de coco y el caldo vegetal. Sazónelo con zumo de limón, curry en polvo y sal y déjelo cocer tapado y a fuego lento unos 15 minutos.

4 Añada las hortalizas previamente salteadas y déjelas cocer 5 minutos más. Lave la albahaca, séquela, elimine las hojas de los tallos y córtelas en tiras. Sirva el arroz espolvoreado con albahaca.

68

Ingredientes

400 g de **tirabeques**

1 manojo de **cebollas** tiernas

1 **pimiento amarillo** · 1 **cebolla**

1 diente de **ajo** · 1 nuez de **jengibre**

2 cucharadas de **aceite**

300 g de **arroz** de grano largo

400 ml de **leche de coco** sin azucarar

1/4 de l de **caldo vegetal**

2 cucharadas de **zumo de limón**

2 cucharaditas de **curry** en polvo

sal

1 manojo pequeño de **albahaca**

Ingredientes

250 g de **arroz basmati**

1 **zanahoria** pequeña

1 **puerro** delgado

1 **pimiento rojo**

100 g de **champiñones**

100 g de **brotes de judías mungo**

4 cucharadas de **aceite**

100 g de **guisantes** (congelados)

2 cucharaditas de **curry** en polvo

sal · 2 **huevos**

2 cucharadas de **vino de arroz**

pimienta

Arroz al curry
con huevo y hortalizas

Preparación
PARA 4 PERSONAS

1 Enjuague el arroz en un colador con agua fría hasta que el agua salga clara. Póngalo a hervir en una cacerola con ½ l de agua y déjelo cocer tapado a fuego lento unos 20 minutos. Déjelo enfriar completamente.

2 Pele la zanahoria y córtela en dados pequeños. Lave el puerro y córtelo en anillos. Divida el pimiento a lo largo, elimine las semillas, lávelo y córtelo en dados. Limpie las setas, córtelas en láminas. Enjuague los brotes.

3 Caliente en el wok 3 cucharadas de aceite. Añada el arroz y dórelo sin dejar de remover hasta que esté crujiente.

4 Saque el arroz del wok y caliente el aceite restante. Añada las hortalizas y saltéelas 5 minutos. Añada los guisantes y el curry, sale y saltee 1 minuto más. Vuelva a añadir el arroz. Mezcle los huevos con el vino de arroz, la sal y la pimienta, añádalos al wok, remueva y deje cocer hasta que los huevos estén cuajados pero no secos.

Arroz indio
al azafrán

Un secreto de las mil y una noches: la canela, el cardamomo y los clavos
le llevarán con este plato al mundo de las especias y aromas de Oriente.

Ingredientes

2 cebollas

2 cucharadas de **mantequilla**

250 g de **arroz basmati**

2 trozos pequeños de **canela en

rama**

3 cápsulas de **cardamomo**

5 **clavos de olor**

600 ml de **caldo vegetal**

4 **zanahorias**

20 g de **mangos** deshidratados

1 sobre de **hebras de azafrán**

50 g de **anacardos**

2 hojas de **laurel**

1 cucharada de **azúcar moreno**

100 g de **guisantes** (congelados)

sal · pimienta

Preparación
PARA 4 PERSONAS

1 Pele las cebollas y píquelas. Caliente el wok, añada la mantequilla
y déjela derretir. Saltee los dados de cebolla con el arroz,
la canela en rama, las cápsulas de cardamomo y los clavos
de olor a fuego moderado durante 3 minutos.

2 Añada el caldo vegetal, tápelo y déjelo cocer a fuego lento
15 minutos.

3 Pele las zanahorias y córtelas en dados. Corte los mangos
deshidratados en dados pequeños. Ponga las hebras de azafrán en
un cuenco pequeño, cúbralas con 2 cucharadas de agua hirviendo
y déjelas remojar.

4 Añada al arroz los dados de zanahoria, los anacardos, los dados
de mango y el agua de azafrán con las hojas de laurel y el azúcar
moreno. Tápelo y déjelo cocer 15 minutos.

5 Añada los guisantes y prosiga la cocción de 5 a 7 minutos más
hasta que el arroz y los guisantes estén listos. Sazone el arroz
con sal y pimienta.

**El arroz basmati es un arroz de grano
largo originario de la India que, al contrario
de la mayoría de tipos de arroz, tiene un
sabor propio. El arroz basmati necesita
entre 25 y 30 minutos de cocción.**

Bulgur
con acelgas

Aromático y apetitoso: los granos de bulgur quedan realzados
por las acelgas, la suave crema de coco y las exóticas especias.

Ingredientes

sal · 200 g de **bulgur**

750 g de **acelgas**

3 cucharadas de **aceite**

2-3 hojas de **laurel** pequeñas

1/2 cucharadita de **comino**

1/2 cucharadita de **semillas de**

coriandro

2 cucharaditas de **azúcar** moreno

1 cucharadita de **cúrcuma** en

polvo

1/2 cucharadita de **chile** en polvo

200 ml de **caldo vegetal**

100 g de **crema de coco**

pimienta

1 cucharada de **menta** finamente

picada

Preparación
PARA 4 PERSONAS

1 Hierva 300 ml de agua, sale y añada el bulgur. Retire la cacerola del fuego, tápela y deje reposar el bulgur durante 15 minutos hasta que se hinche.

2 Prepare y lave las acelgas. Separe las hojas de los tallos y corte ambos en tiras finas.

3 Caliente el wok y añada el aceite. Sofría las hojas de laurel, el comino y el coriandro. Añada las acelgas, espolvoree con el azúcar moreno y saltee sin dejar de remover durante 2 minutos.

4 Añada la cúrcuma y el chile, moje con el caldo y añada la crema de coco. Sazone con sal y pimienta, tape y deje cocer a fuego lento 10 minutos. Añada el bulgur y vuelva a calentarlo. Sirva el plato decorado con la menta picada.

La crema de coco, también conocida como «leche de coco espesa», se obtiene a partir de la pulpa de coco fresco. Tiene una consistencia muy espesa y se adquiere enlatada.

Arroz con garbanzos,
calabacín y menta

Preparación
PARA 4 PERSONAS

1 Remoje los garbanzos en agua desde la víspera. Al día siguiente cuézalos 1 hora a fuego medio. Sale al finalizar la cocción.

2 Mientras tanto, prepare y lave las cebollas tiernas y el calabacín. Corte la parte blanca de las cebollas tiernas en anillos finos y la verde en trozos de unos 3 cm de longitud. Corte el calabacín en dados. Escurra los garbanzos y recoja su agua.

3 Caliente el wok y añada el aceite. Saltee la parte verde de las cebollas y el calabacín sin dejar de remover. Retire y salpimiente. Saltee los anillos blancos de cebolla hasta que estén transparentes y sazone con sal, pimienta y pimentón.

4 Ponga a cocer los garbanzos, el arroz y ½ l del caldo de cocción de los garbanzos a fuego lento unos 25 minutos. Añádales las cebollas y el calabacín y caliente. Rectifique la condimentación y antes de servir el arroz decórelo con menta y rocíelo con el zumo de limón.

74

Ingredientes

200 g de **garbanzos**

1 manojo de **cebollas** tiernas

300 g de **calabacín**

2-3 cucharadas de **aceite de oliva**

sal · pimienta

1 pizca de **pimentón** en polvo

250 g de **arroz** de grano largo

1 cucharada de **menta** finamente picada

3-4 cucharadas de **zumo de limón**

Ingredientes

300 g de mezcla de **arroz** de grano largo y

silvestre · **sal** · 2 **huevos** · 50 g de **harina**

2 cucharadas de **almendras** molidas

pimienta

1 manojo de **cebollas** tiernas

2 dientes de **ajo** · 1 **pepino**

1 nuez de **jengibre**

100 g de **salsa de chile** dulce

2 cucharadas de **vinagre de arroz**

1 cucharadita de **salsa de soja**

¼ de l de **aceite**

unas hojas de **lechuga**

Albóndigas de arroz
fritas con salsa picante

Preparación
PARA 4 PERSONAS

1 Cueza el arroz en 600 ml de agua salada hasta que rompa el hervor y déjelo a fuego lento 20 minutos más.

2 Prepare las cebollas tiernas, pele el ajo y el jengibre y píquelo todo finamente. Pele el pepino, córtelo longitudinalmente, elimine las semillas y córtelo en dados pequeños. Mezcle el arroz hervido con los huevos, la harina y las almendras y salpimiente. Con las manos húmedas, forme bolitas del tamaño de una nuez.

3 Caliente el wok y añada una cucharada de aceite. Sofría las cebollas tiernas, el ajo y el jengibre 2 minutos y póngalos todo en un cuenco. Añada los dados de pepino y la salsa de chile, sazone con el vinagre de arroz y la salsa de soja.

4 Fría las bolitas de arroz en el aceite restante de 4 a 5 minutos o hasta que estén doradas. Lave las hojas de lechuga, séquelas y córtelas en tiras. Coloque las bolitas de arroz sobre la lechuga y sírvala con salsa.

Cuscús de setas
y hortalizas

Textura y salud: una colorida mezcla de zanahorias, setas
y apio que dan un «toque» a este plato de cuscús.

Ingredientes

300 g de **cuscús** (sémola de trigo)

¹/₂ l de **caldo vegetal**

300 g de **zanahorias**

300 g de **setas de cardo**

1 manojo de **cebollas** tiernas

3 tallos de **apio**

1 **cebolla**

2 dientes de **ajo**

2 manojos de **perejil**

4 cucharadas de **aceite**

50 g de **piñones**

sal · pimienta

1 cucharadita de **pimentón**

2-3 cucharadas de **zumo de limón**

3 cucharadas de **mantequilla**

Preparación
PARA 4 PERSONAS

1 Ponga el cuscús en un cuenco refractario y cúbralo con el caldo
vegetal hirviendo. Remuévalo y déjelo reposar tapado durante
unos 20 minutos. Destápelo y déjelo enfriar.

2 Mientras tanto, pele las zanahorias y córtelas transversalmente
en láminas finas. Lave las setas y córtelas en trozos pequeños.
Prepare y lave las cebollas tiernas y el apio, divídalos
longitudinalmente y córtelos en trozos de 3 cm de anchura.
Pele la cebolla y el ajo y córtelos en dados pequeños. Lave
el perejil y séquelo, separe las hojas de los tallos y píquelas
finamente.

3 Caliente el wok y añada el aceite. Tueste los piñones sin dejar
de remover hasta que estén dorados y sáquelos del wok con una
espumadera. Sofría el ajo, las cebollas, las zanahorias y el apio
en el aceite restante durante unos 3 minutos sin dejar de remover.
Añada las cebollas tiernas y las setas y saltee 2 minutos más sin
dejar de remover.

4 Añada el cuscús al wok y dórelo a fuego vivo durante unos
5 minutos mientras se remueve sin cesar. Sazone con sal,
pimienta, pimentón y zumo de limón. Añada todo el perejil,
excepto 2 cucharadas se reservan para la decoración, y la
mantequilla en copos. Deje reposar el cuscús tapado entre
2 y 3 minutos. Adorne el cuscús con los piñones y el perejil
previamente reservado.

Huevos y tofu

Fideos y tofu
con castañas de agua

Un plato que crea adicción: los fideos de huevo con tofu, boniato y castañas de agua son toda una tentación para los amigos de la cocina asiática.

Ingredientes

150 g de **fideos de huevo**

asiáticos · **sal** · 2 **boniatos**

3 **cebollas** tiernas · 1 **cebolla**

1 diente de **ajo** · 1 **chile rojo**

100 g de **tofu ahumado**

2 cucharaditas de **aceite de**

sésamo

60 g de **castañas de agua**

(en conserva)

50 ml de **caldo vegetal** · 2 **tomates**

2 cucharadas de **salsa de soja**

pimienta

¹/₂ manojo de **cebollino**

Preparación
PARA 2 PERSONAS

1 Hierva los fideos en abundante agua salada según las instrucciones del fabricante, escúrralos en un colador, enjuáguelos con agua fría y déjelos escurrir.

2 Pele y lave los boniatos y córtelos en dados pequeños. Prepare y lave las cebollas tiernas y córtelas en trozos. Pele la cebolla y el ajo y píquelos. Corte el chile longitudinalmente, elimine las semillas, lávelo y córtelo en tiras. Corte el tofu en tiras.

3 Caliente el wok y añada el aceite. Dore ligeramente las tiras de tofu y retírelas. Dore las cebollas, el ajo y el chile en el aceite restante. Añada los boniatos, las cebollas tiernas y las castañas escurridas y deje que cueza 5 minutos. Moje con el caldo y déjelo cocer con el recipiente tapado unos 15 minutos.

4 Lave los tomates, elimine los tallos y córtelos en gajos. Añada los fideos, el tofu y los tomates al wok y saltee 5 minutos. Sazone con la salsa de soja y pimienta. Lave y seque el cebollino y córtelo en trozos pequeños. Adorne el conjunto con el cebollino.

Las castañas de agua que se degustan a modo de hortalizas son muy apreciadas en Asia. Las castañas frescas se pelan y liberan del tallo. Aquí se pueden encontrar en conserva, listas para su uso.

Tofu frito
con brotes de bambú

Saludos desde China: el tofu frito es un gran favorito de la cocina asiática, donde puede encontrarse como tentempié en casi cada tenderete callejero.

Ingredientes

100 g de **brotes de bambú**

(en conserva)

50 g de **pepino chino** encurtido

(en conserva)

100 g de **espinacas** frescas

500 g de **tofu**

aceite para freír

2 cucharadas de **salsa de soja**

oscura

150 ml de **caldo vegetal**

1 cucharada de **maicena**

$^1/_2$ cucharadita de **aceite de**

sésamo

Preparación
PARA 4 PERSONAS

1 Hierva un poco de agua en una cacerola pequeña y cueza los brotes de bambú 1 minuto. Retírelos, escúrralos en un colador y córtelos en trozos de 2,5 cm de anchura, 5 cm de longitud y 0,5 cm de grosor.

2 Enjuague el pepino con agua fría y córtelo en trozos pequeños. Prepare y lave las espinacas y déjelas escurrir en un colador. Lave y seque el tofu y córtelo en tiras.

3 Caliente el aceite para freír en el wok. Estará lo suficientemente caliente cuando introduzca un palillo de madera y se formen burbujas pequeñas. Fría los trozos de tofu en el aceite hasta que estén dorados. Retírelos y déjelos escurrir sobre papel de cocina.

4 Saque todo el aceite del wok a excepción de una película fina. Introduzca en el wok los trozos de tofu fritos, los brotes de bambú, el pepino encurtido y las espinacas y sazone con salsa de soja. Mezcle todo el conjunto y vierta el caldo vegetal. Tape y deje cocer a fuego vivo unos 5 minutos. Mezcle la maicena con 2 cucharadas de agua y agréguela al wok. Antes de servir el tofu rocíelo con el aceite de sésamo.

Los pepinos chinos encurtidos Hua Gua se encuentran en conserva en las tiendas de productos asiáticos. Los pepinos se maceran en una delicada mezcla de salsa de soja y otras especias.

Revoltillo
picante con setas

Preparación

1 Cubra las setas deshidratadas con agua hirviendo y déjelas reposar 15 minutos.

2 Elimine las semillas de los chiles y córtelos en tiras finas. Escalde, pele, divida y elimine las semillas de los tomates y córtelos a dados. Prepare y lave las cebollas tiernas y córtelas en trozos. Pele las zanahorias y córtelas en bastoncitos. Pele el ajo y córtelo en láminas finas. Escurra las setas rehidratadas, elimine los tallos duros y corte el resto en láminas.

3 Caliente el wok y añada el aceite. Saltee las hortalizas y las setas. Añada el caldo vegetal y el tomate y déjelo cocer todo 5 minutos. Sazone con sal, pimienta, comino y coriandro.

4 Bata los huevos con sal y pimienta, viértalos sobre la preparación y déjelos cuajar unos pocos segundos; remueva una sola vez (los huevos deben quedar casi líquidos). Espolvoree el revoltillo con el perejil picado y sírvalo inmediatamente.

84

Ingredientes

6 **setas tongu** o **mu-err** (orejas de bosque) deshidratadas

2 **chiles rojos** · 600 g de **tomates** maduros

4 **cebollas** tiernas · 3 **zanahorias**

2 dientes de **ajo**

2 cucharadas de **aceite** · $^1/_4$ de l **caldo vegetal**

sal · **pimienta**

$^1/_2$ cucharadita de **comino** molido

$^1/_2$ cucharadita de **semillas de coriandro** molidas

6 **huevos**

3 cucharadas de **perejil** groseramente picado

Ingredientes

350 g de **patatas**

4 **cebollas** tiernas

2 dientes de **ajo**

6 **huevos**

3 cucharadas de **salsa de soja** clara

1 cucharadita de **aceite de sésamo**

sal · pimienta

aceite para freír

Tortilla china
de patatas

Preparación
PARA 4 PERSONAS

1 Pele las patatas y córtelas en dados de 1 cm. Prepare y lave las cebollas tiernas, pique finamente la parte blanca y corte la verde en anillos finos y tiras. Pele y pique el ajo. Bata los huevos con la salsa de soja y el aceite de sésamo y salpimiente.

2 Caliente el aceite para freír en el wok. Dore las patatas sin dejar de remover. Retírelas y déjelas escurrir sobre papel de cocina.

3 Retire todo el aceite del wok salvo un pequeño resto y vuélvalo a calentar. Fría la cebolla y el ajo hasta que estén transparentes. Añada la mezcla de huevos y remueva lentamente hasta que empiecen a cuajar.

4 Añada entonces los dados de patata fritos y remueva. Caliente el conjunto hasta que los huevos estén un poco más cuajados pero no secos. Antes de servir, esparza por encima los anillos y las tiras de cebollas tiernas.

Crêpes chinas
de hortalizas

Tentación asiática: esta exótica mezcla de hortalizas, envuelta
en una masa de *crêpes*, hará latir los corazones de los más exigentes.

Ingredientes

Para las *crêpes* chinas:

300 g de **harina de trigo**

unas 6 cucharaditas de **aceite**

harina

Para las hortalizas:

1 nuez de **jengibre** · 2 dientes de **ajo**

250 g de **zanahorias**

200 g de **cebollas** tiernas

120 g de **mazorcas de maíz** mini

(en conserva) · 200 g de **apio**

30 g de brotes de **alfalfa**

2 cucharadas de **aceite de sésamo**

1 cucharada de **aceite**

2 cucharadas de **salsa hoisin**

6 cucharadas de **salsa de soja**

clara · 175 ml de **caldo vegetal**

1 cucharada de **pasta china de**

judías picante

Preparación
PARA 4 PERSONAS

1 Para las *crêpes*, cierna la harina sobre un cuenco y haga un hueco en el centro. Mezcle 200 ml de agua y 2 cucharaditas de aceite y viértalo poco a poco en el hueco. Remueva con una cuchara de madera y luego con las manos hasta obtener una masa fina; forme una bola con ella y déjela reposar cerca de 1 hora.

2 Mientras tanto, pele el jengibre y el ajo y píquelos finamente. Pele las cebollas, prepare y lave las cebollas tiernas y córtelo todo en tiras de 5 cm de longitud. Prepare y lave el apio. Corte los tallos en rodajas y las hojas en tiras para la decoración. Enjuague las mazorcas de maíz y los brotes de alfalfa en un colador con agua fría y déjelos escurrir. Divida las mazorcas longitudinalmente.

3 Amase la pasta, divídala en 16 porciones iguales y forme tortitas delgadas con cada una de ellas. Pincele cada tortita por una cara con aceite. Una 2 tortitas por la cara pintada con aceite y extiéndalas con el rodillo sobre la superficie de trabajo enharinada.

4 Caliente una sartén sin aceite a fuego medio. Fría las tortitas una tras otra durante 2 minutos. Cuando se formen burbujas, déles la vuelta, fríalas 2 minutos más, retírelas y déjelas enfriar. Separe las tortitas por el borde, dóblelas ligeramente por la mitad y cúbralas con un paño de cocina.

5 Caliente el wok y añada 2 cucharadas de aceite de sésamo y 1 cucharada de aceite. Saltee todas las hortalizas, excepto los brotes, con el ajo y el jengibre 2 minutos. Añada las salsas hoisin y de soja, el caldo y la pasta de judías. Rellene las tortitas con las tiras de apio, las hortalizas y los brotes.

Tofu con piña
y hortalizas agridulce

Muy rápido de **preparar:** el tofu macerado, la piña y el vino de arroz
dan a este clásico plato una nota de **sabor** sorprendente.

Ingredientes

500 g de **tofu**

4 cucharadas de **salsa de soja**

3 cucharaditas de **maicena**

1 **puerro**

2 dientes de **ajo**

1 **pimiento rojo**

100 g de **tomates cereza**

1 trozo de **pepino**

200 g de **piña** troceada

(en conserva)

2 cucharadas de **vino de arroz**

(o jerez)

2 cucharadas de **ketchup de**

tomate

2 cucharadas de **azúcar moreno**

2 cucharadas de **vinagre de arroz**

aceite para freír

sal

Preparación
PARA 4 PERSONAS

1 Lave y seque el tofu y córtelo en dados de unos 2 cm de lado.
Mezcle 2 cucharadas de salsa de soja con 2 cucharaditas de
maicena y macere los dados de tofu en esta mezcla.

2 Prepare y lave el puerro y córtelo en rodajas finas. Pele el ajo
y córtelo en láminas finas. Corte el pimiento longitudinalmente,
elimine las semillas, lávelo y córtelo en trozos. Lave y corte
los tomates por la mitad. Lave el pepino y, si lo desea, pélelo,
divídalo longitudinalmente, elimine las semillas y córtelo en
rodajas. Escurra los trozos de piña en un colador y recoja el zumo.

3 Para la salsa, mezcle el vino de arroz con el ketchup de tomate,
la salsa de soja restante, el azúcar moreno, 1 cucharadita de
maicena, el vinagre de arroz y 75 ml del zumo de piña.

4 Caliente el aceite para freír en el wok. Fría los dados de tofu
hasta que estén dorados. Retírelos con una espumadera y déjelos
escurrir sobre papel de cocina.

5 Saque todo el aceite del wok excepto una película fina y vuelva a
calentarlo. Añada el puerro, el pimiento y el ajo y saltee sin dejar
de remover a fuego vivo durante unos 3 minutos. Incorpore la
salsa, los tomates, el pepino y la piña. Agregue los dados
de tofu y deje que se calienten en 1 minuto a fuego muy vivo.
En caso de que la salsa sea demasiado espesa, añada un poco
de agua, sale.

Tofu ahumado
con brécoles

Preparación

1 Hierva los fideos de alforfón en agua salada según las instrucciones del fabricante. Escúrralos en un colador.

2 Prepare y lave el brécol y el pimiento. Separe el brécol en ramitos. Corte el pimiento en tiras. Pele la cebolla y el ajo y píquelos finamente. Prepare las setas y trocéelas. Enjuague los brotes en un colador. Deje escurrir las castañas de agua.

3 Caliente el wok y añada el aceite. Saltee las hortalizas, los brotes y las castañas de agua en el aceite caliente unos 10 minutos.

4 Corte el tofu ahumado en trozos pequeños. Agregue el tofu y los fideos escurridos al wok y sazone con el zumo de limón, la sal y la pimienta. Saltee el conjunto durante unos 3 minutos. Sazone nuevamente y sirva el plato en cuencos decorados con el cebollino picado.

Ingredientes

100 g de **fideos de alforfón** o **trigo sarraceno**

sal · 300 g de **brécoles** · 1 **pimiento rojo**

1 **cebolla** · 1 diente de **ajo**

50 g de **setas de cardo**

50 g de **setas chinas shiitake**

40 g de **brotes de soja**

50 g de **castañas de agua** (en conserva)

2 cucharaditas de **aceite de sésamo**

100 g de **tofu ahumado**

1 cucharadita de **zumo de limón**

pimienta

1 cucharada de **cebollino** picado

Ingredientes

225 g de **lentejas** verdes

4 **zanahorias**

500 g de **judías verdes** anchas

400 g de **tofu**

4 **cebollas**

2 dientes de **ajo**

3 cucharadas de **aceite**

1 cucharada de **mantequilla**

½ l de **caldo vegetal** · 2 **chiles** secos

2 cucharadas de **curry** en polvo

sal · **pimienta**

2 cucharadas de **perejil** picado

Curry de lentejas
y tofu

Preparación
PARA 4 PERSONAS

1 Remoje las lentejas en agua fría durante 3 horas. Hiérvalas con agua fría en una cacerola tapada unos 30 minutos.

2 Pele las zanahorias y córtelas en bastoncitos del grosor de un lápiz. Prepare y lave las judías y córtelas en trozos. Lave y seque el tofu y córtelo en tiras. Pele las cebollas y el ajo; corte las cebollas en tiras y pique el ajo.

3 Caliente el wok y añada el aceite y la mantequilla. Dore las tiras de tofu y déjelas escurrir sobre papel de cocina. Dore en el aceite restante la cebolla y el ajo a fuego moderado; añada la zanahoria y las judías. Moje con el caldo, desmenuce los chiles y añada el curry en polvo. Deje rehogar con el recipiente tapado unos 30 minutos. Añada las tiras de tofu, sazone con sal y pimienta y decore con perejil.

Dados de tofu
con cacahuetes

¿Le apetece algo exótico? Si prepara el tofu de una manera tan refinada como ésta, entenderá por qué es un éxito absoluto en la cocina del Lejano Oriente.

Ingredientes

250 g de **tofu**

1 cucharada de **jerez** seco

2 cucharadas de **salsa de soja**

sal

2 cucharaditas de **maicena**

150 g de **cacahuetes** (sin pelar)

2-3 **chiles** secos

4 **cebollas** tiernas

1 nuez de **jengibre**

2 dientes de **ajo**

150 ml de **caldo vegetal**

1 cucharadita de **vinagre de arroz**

pimienta

aceite para freír

Preparación
PARA 2 PERSONAS

1 Lave y seque el tofu y córtelo en dados de 2 cm de lado. Mezcle en un cuenco pequeño el jerez, 1 cucharada de salsa de soja, $1/2$ cucharadita de sal y 1 cucharadita de maicena. Macere el tofu en esta mezcla durante unos 30 minutos, con el cuenco tapado.

2 Mientras tanto, pele los cacahuetes y elimine las pieles rojas. Desmenuce los chiles. Prepare y lave las cebollas tiernas y córtelas en rodajas. Pele el jengibre y el ajo y píquelos finamente.

3 Mezcle el caldo, la salsa de soja restante, el vinagre de arroz, la sal, la pimienta y la maicena restante y reserve.

4 Retire el tofu de la maceración y déjelo escurrir. Caliente el aceite para freír en el wok. Fría los trozos de chile hasta que estén crujientes y retírelos. Fría los trozos de tofu hasta que estén dorados y retírelos. Tueste los cacahuetes y retírelos. Escurra todos los ingredientes sobre papel de cocina.

5 Tire todo el aceite del wok excepto unas 2 cucharadas y vuelva a calentarlo. Sofría las cebollas tiernas, el jengibre y el ajo sin dejar de remover. Añada el tofu y el chile y saltee a fuego vivo sin dejar de remover.

6 Añada la salsa, deje que rompa el hervor y déjela hervir durante 1 minuto mientras remueve el plato continuamente. Finalmente agregue los cacahuetes y sirva enseguida.

Hortalizas asiáticas
con tofu

Un aroma incomparable: las hortalizas y las especias asiáticas típicas
y el tofu nos transportan a un viaje culinario al Lejano Oriente.

Ingredientes

100 g de **setas chinas shiitake**

100 g de **setas de cardo**

100 g de **champiñones**

1 **pimiento rojo** y 1 **amarillo**

100 g de **castañas de agua**

(en conserva) · 300 g de **col china**

150 g de **tofu** · 1 diente de **ajo**

1/2 cucharadita de **pasta de curry**

roja

1 cucharada de **vinagre de arroz**

2-3 cucharadas de **salsa de soja**

clara · sal

2 cucharadas de **aceite de sésamo**

aceite de cacahuete para freír

1 cucharadita de **maicena**

75 ml de **caldo vegetal**

unas 5 cucharadas de **harina de**

maíz

Preparación
PARA 4 PERSONAS

1 Limpie las setas. Pique los tallos de las setas shiitake, divida los sombreros. Corte las setas de cardo en tiras y parta los champiñones. Prepare los pimientos, pártalos longitudinalmente, elimine las semillas y lávelos. Prepare y lave la col china. Corte los pimientos en tiras finas y la col en tiras anchas. Escurra las castañas de agua en un colador y córtelas por la mitad. Lave y seque el tofu y córtelo en rodajas de 0,5 cm de grosor. Pele y pique el ajo.

2 Mezcle la pasta de curry con 3 cucharadas de agua hirviendo. Añada el vinagre de arroz, la salsa de soja y la sal. Cubra el tofu con la salsa y déjelo macerar.

3 Caliente el wok, añada el aceite de sésamo y 2 cucharadas de aceite de cacahuete. Saltee las setas sin dejar de remover. Añada las tiras de col y de pimiento, las castañas de agua y el ajo. Déjelo cocer todo unos 2 minutos mientras remueve continuamente.

4 Escurra el tofu en un colador y recoja la salsa. Mezcle la salsa con la maicena. Ponga el caldo vegetal y la salsa del tofu en el wok con las setas y déjelo hervir todo brevemente. Retírelo y resérvelo al calor.

5 Limpie el wok con papel de cocina. Caliente el aceite para freír en el wok. Ponga la harina de maíz en un plato hondo y enharine las rodajas de tofu. Fría el tofu en el aceite hirviendo hasta que esté dorado y déjelo escurrir sobre papel de cocina. Reparta las rodajas de tofu sobre la mezcla de setas y hortalizas.

Índice de recetas

BLUME

Título original:
Wok vegetarisch

Traducción:
Maite Rodríguez Fischer

Revisión de la edición en lengua española:
Ana María Pérez Martínez
Especialista en temas culinarios

Coordinación de la edición en lengua española:
Cristina Rodríguez Fischer

Primera edición en lengua española 2003
Reimpresión 2004

© 2003 Naturart, S.A. Editado por BLUME
Av. Mare de Déu de Lorda, 20
08034 Barcelona
Tel. 93 205 40 00   Fax 93 205 14 41
E-mail: info@blume.net
© 2002 Verlag Zabert Sandmann GmbH, Múnich

ISBN: 84-8076-503-8
Depósito legal: B. 32.109-2004
Impreso en Filabo, S.A., Sant Joan Despí (Barcelona)

Créditos fotográficos

Fotografías de la cubierta: Jo Kirchherr (portada y contraportada)

StockFood/Harry Bischof: 7 (2.ª desde inferior izquierda); StockFood/Michael Brauner: 7 (1.ª desde superior izquierda); StockFood/Susie Eising; 4-5, 6i, 7sd; StockFood/S. &P. Eising: 2-3; StockFood/Sian Irvine: 7 (2.ª desde superior izquierda); StockFood/Karl Newedel: 7 (1.ª desde superior izquierda); StockFood/Maximilian Stock: 6d, 7 ic. centro.

Todas las demás fotografías: Jo Kirchherr (Food-Styling: Oliver Brachat)